AF438286

LE
DERNIER DES VALOIS

ET LE

DERNIER DES BOURBONS

BREST
TYP.-LITH. F. HALÉGOUET, RUE KLÉBER, 11
—
1883

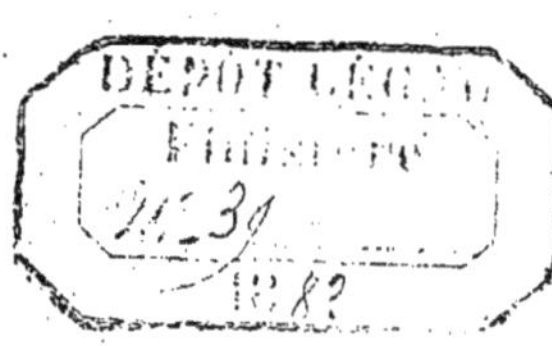

LE DERNIER DES VALOIS

ET

LE DERNIER DES BOURBONS

LE

DERNIER DES VALOIS

ET LE

DERNIER DES BOURBONS

BREST

TYP.-LITH. F. HALÉGOUET, RUE KLÉBER, 11

1883

AVANT-PROPOS

Il y a trois ans, — le 24 août 1880, — l'auteur de cette Brochure écrivit sous ce titre : *Le 24 Août* 1838, un article qu'il envoya au *Figaro* et que ce journal voulut bien publier. Il se borne, — en manière de Préface, — à le reproduire ici :

Le 24 Août 1838

« Désormais la Maison de France
est indissolublement unie. »
Paroles de Mgr le comte de Chambord.

« Il y a aujourd'hui quarante-deux ans, le château des Tuileries était en fête..., une salve de cent-un coups de canon venait d'annoncer à la France la naissance d'un Prince Royal. Louis-Philippe était radieux. A cette heure qui marquait l'apogée de sa fortune, le vieux Souverain écartait les importuns souvenirs du passé. S'il y avait songé, il aurait sans doute pensé à l'anneau de Polycrate...

Le 24 août 1838, vers huit heures du matin,

Madame la Duchesse d'Orléans ressentit les premières douleurs. Dès dix heures du matin, le Roi, la Reine et tous les Princes réunis au pavillon de Marsan, attendaient anxieusement la délivrance de la Princesse. Avec eux se trouvaient le maréchal Gérard et le maréchal de Lobau — témoins désignés par Louis-Philippe — le vieux Soult, le comte Molé, etc., etc.

Après plusieurs heures de cruelles souffrances, la Duchesse, dont la vaillance n'avait pas faibli un instant, mettait au monde un fils. Aussitôt le comte Molé s'élança dans le corridor où s'étaient massés les courtisans : « Messieurs, s'écria-t-il, nous avons un Prince! » De chaleureuses acclamations accueillirent cette nouvelle. Des estafettes furent immédiatement expédiées de tous côtés. Pendant que le comte de Montalivet, ministre de l'Intérieur, envoyait des dépêches aux préfets du royaume, le comte Molé, président du Conseil, faisait prévenir les ambassadeurs. Tout d'abord, le ministre de la Guerre avait envoyé son aide de camp, le colonel Delarue, auprès de l'Archevêque de Paris qui se rendit aux Tuileries pour ondoyer le Prince. La cérémonie eut lieu dans la chapelle du palais, et c'est la Reine elle-même qui voulut porter son petit-fils. A cinq heures du soir, le corps diplomatique était réuni. Il offrit ses félicitations au Roi et la maréchale de Lobau lui présenta le jeune Prince sur un coussin de velours. Séance tenante, l'acte de naissance fut rédigé. Nous l'avons retrouvé dans les journaux du temps et nous le reproduisons pour ceux de nos lecteurs qui s'intéressent aux documents historiques :

« Du 24e jour du mois d'août de l'an de grâce 1838 : Acte de naissance de très haut et très puissant Prince *Louis - Philippe - Albert d'Orléans, Comte de Paris*, né cejourd'hui, à trois heures de l'après-midi, au palais des Tuileries, à Paris, fils de très haut et très puissant Prince Ferdinand-Philippe-Louis - Charles - Henri d'Orléans, Duc d'Orléans, Prince Royal, et de très haute et très puissante Princesse Hélène-Louise-Elisabeth, Princesse de Mecklembourg-Schwérin, Duchesse d'Orléans, Princesse Royale, son épouse, demeurant audit palais. »

La Famille d'Orléans voulut marquer cet évènement, si heureux pour elle, par de larges générosités. Le Roi donna 25,000 francs à l'Archevêché pour ses pauvres, 30,000 francs aux bureaux de bienfaisance de la Seine et 25,000 francs aux Invalides. De son côté, le Duc d'Orléans employa 300,000 francs à fonder des bourses à Saint-Cyr et distribua de nombreuses aumônes. Enfin, tous les enfants nés le même jour que le Comte de Paris eurent un livret à la Caisse d'Epargne, d'après les intentions de la Duchesse d'Orléans.

Quelques jours plus tard, le Conseil municipal de Paris offrit une épée au jeune Prince et le président du Conseil crut devoir accompagner ce présent de quelques phrases ampoulées sur les journées de juillet. Le Roi eut le tact de ne point relever cette allusion de mauvais goût. Sa réponse est fort digne et nous voulons la relater, car, pour cette fois, nous n'avons aucune critique à adresser au langage de Louis-Philippe :

« Je vous remercie, répondit le Roi, du don que vous m'annoncez pour mon petit-fils. J'espère que cette épée sera, dans ses mains, la gardienne de la Paix et que, toujours prêt à l'employer pour préserver notre honneur national de toute atteinte et notre territoire de toute invasion, cependant elle ne sortira jamais du fourreau qu'à bonnes enseignes et que, si elle en sort, ce sera toujours pour hâter le terme des maux de la guerre et pour faire jouir la France de la plus douce et de la plus belle des conquêtes : la conquête de la Paix. »

L'avenir semblait bien brillant alors à la Famille d'Orléans!... Charles X venait de mourir, les républicains étaient peu nombreux et on ne craignait guère à cette époque Louis-Napoléon!...

Quatre ans plus tard, le Duc d'Orléans se tuait sur la route de la Révolte. Dieu semblait vouloir enlever à Louis-Philippe son plus ferme soutien. Encore quelques années, et le vieux Souverain fuyait la France qu'il ne devait plus revoir. Il ne survécut pas longtemps à ces malheurs successifs. Quand il sentit que la mort était prochaine, il voulut se réconcilier avec Dieu et il appela à son chevet un saint prêtre, l'abbé Guelle. A cette heure suprême, ce Prince comprit la vanité des choses de ce monde ; il comprit l'inanité des ambitions humaines et il reconnut devant son entourage, avec une noble franchise, que le bien de la France exigeait que les deux branches de la Maison de France se réconciliassent.

C'est au mois d'août 1850 que Louis-Philippe

mourut. Vingt-trois ans plus tard, presque jour pour jour, son petit-fils, ce Prince, dont nous saluons aujourd'hui le quarante-deuxième anniversaire, comprit la vérité des dernières paroles de son aïeul. Son patriotisme lui indiqua son devoir et, simplement, noblement, il se rendit à Frohsdorff. C'est là que le chef de la Maison de Bourbon le reçut dans ses bras. « Avec quelle joie, écrivait Henri V quelques mois plus tard, avec quelle joie j'ai serré sur mon cœur la loyale poitrine de ce jeune Prince ! »

Oui, Mgr le Comte de Paris est loyal. Il ne nous a jamais donné le droit d'en douter. Ce n'est plus un Prétendant, c'est le Dauphin de France. Pour MÉRITER le beau nom de LÉGITIMISTE, il faut reconnaître que le Comte de Paris est le successeur DIRECT de Mgr le Comte de Chambord. Nous ne nous occupons pas de ce que peuvent dire les Gavardie et Cie, mais bien de ce que font les Princes de la Maison de France. Le Roi l'a dit, et qui donc pourrait douter de sa royale parole? La famille de Bourbon est indissolublement unie. Les Princes d'Orléans seront les lieutenants d'Henri V. »

B. DU B.

LE DERNIER DES VALOIS

ET

LE DERNIER DES BOURBONS

En 1814, lorsque le Czar Alexandre arriva à
Paris, il descendit à l'hôtel Saint-Florentin, chez
le Prince de Talleyrand. Le soir même de son
arrivée, il y eut une importante conférence. Plusieurs noms furent mis en avant; car, quoi qu'on en
ait dit, les Souverains alliés n'avaient pas l'intention d'imposer à la France la Restauration des
Bourbons. Certains personnages proposèrent un
des généraux de Napoléon, qui aurait pris le titre
de Régent, d'autres conseillèrent de choisir un des
frères de l'ex-empereur. Enfin, MM. de Montes-

quiou et de Pradt réclamèrent les Bourbons. Le Czar se promenait dans le salon, pensif et incertain. Il s'arrêta tout à coup devant M. de Talleyrand, qui observait silencieusement cette scène, et lui demanda son avis. Le vieil homme d'Etat se leva et chacun se tut :

« Sire, dit M. de Talleyrand, un seul régime est possible aujourd'hui : celui que représente Louis XVIII. Tout le reste n'est qu'intrigue. Qui voudrait-on nous donner à la place de Bonaparte ? Un soldat ? Nous n'en voulons plus. Si nous en voulions un, nous garderions celui que nous avons ; c'est le premier soldat du monde. Après lui, ceux que l'on voudrait nous offrir n'auraient pas dix hommes pour eux. Je le répète, Sire, tout ce qui n'est pas Louis XVIII n'est qu'intrigue. »

Les paroles du célèbre diplomate impressionnèrent vivement l'Empereur de Russie : « En vérité, disait ce Souverain quelques années plus tard, quand je suis entré à Paris, je n'avais aucune idée fixe. Je m'en suis rapporté au Prince de Talleyrand. J'ai cru d'abord que sa haine pour Napoléon le rendait partial. J'ai vu plus tard combien il voyait juste, combien il se rendait un compte exact de la situation de son pays. »

Nous nous rappelions cette curieuse conférence, en lisant le récit des faits qui viennent de se passer à Frohsdorff et à Goritz. Il semble, en effet, qu'il y ait parfois, dans les époques troublées, une solution qui s'impose. Cette solution, le pays tout entier finit par l'adopter, lorsqu'il est las des intrigues et des intrigants.

C'est ainsi que tous ou presque tous les légitimistes, qui s'étaient rendus à Goritz afin de rendre au feu Roi un suprême hommage, ont reconnu hautement Mgr le Comte de Paris comme Chef de la Maison de France. Cette attitude digne et correcte a suffi pour déchirer la trame du complot puéril que certains personnages trop zélés avaient ourdi. N'est-ce pas le cas de dire que ces personnages étaient «plus royalistes que le Roi?» Henri V a toujours, en effet, considéré et traité Mgr le Comte de Paris comme son héritier, quoiqu'il ait dû entendre bien des conseils semblables à ceux que reçut Henri III à son lit de mort. Que la France était déchirée à cette époque!... Nous nous plaignons souvent — non sans raison — des difficultés de notre temps. Certes, les gouvernants que nous subissons semblent avoir juré de lasser notre patience. Ils ne nous épargnent aucune vexation et nous traitent en pays conquis ; mais l'avenir est à nous : nous le savons et nous attendons. L'Histoire nous apprend, en effet, que les gouvernements d'aventure n'ont qu'un temps. Lorsque la république actuelle aura recueilli les résultats de sa politique extérieure — laquelle est aussi anti-nationale que sa politique intérieure, — elle tombera forcément, fatalement. Il n'y aura alors qu'une seule et unique solution ; car le Prince, qui est actuellement notre Roi légitime, n'a point de compétiteurs. Quelle différence entre les deux situations, entre 1589 et 1883 ! Du Nord au Midi notre pays était bouleversé. C'est en vain que le dernier des Valois, fidèle au grand Principe de la Légitimité, avait adjuré les gentilshommes catholiques et huguenots qui entouraient sa couche funèbre, de reconnaître pour Roi Henri de Navarre. Soutenu par ce Prince et par le Comte d'Auvergne — le fils naturel de Charles IX qu'il aimait comme un véritable neveu

— le royal mourant avait rassemblé ses forces pour dire à ses lieutenants : « Je vous demande comme votre ami et je vous ordonne comme votre Roi, de reconnaître pour votre Souverain mon cousin Henri de Béarn. »

Le crime de Jacques Clément avait trop bien prouvé la puissance de la « Sainte-Union » pour que les Ligueurs fussent disposés à obéir au dernier vœu d'Henri III. Le parti royaliste lui-même, tout en ayant combattu sous les mêmes cornettes, ne voulait pas être confondu avec les Huguenots qui suivaient le Béarnais. Le Prince, qui était destiné à relever la France et dont le règne devait être un des plus glorieux de notre histoire, était encore traité de relaps et de maudit, bien qu'il eût — déjà — annoncé son intention « d'être instruit dans la Religion catholique par un saint Concile auquel il se soumettait d'avance. »

Les brillantes victoires et les succès diplomatiques qui assurèrent le trône de France au Roi de Navarre sont trop connus pour que nous les retracions ici. D'ailleurs, le modeste cadre de cette Brochure ne s'y prêterait point. Nous voulons seulement résumer en quelques mots le sprétentions qui furent soulevées de tous côtés pour contester le droit successorial du premier des Bourbons.

La mort d'Henri III, qui ne laissait pas d'enfants, soulevait, en effet, la question de succession à la Couronne. La déchéance avait été proclamée à Paris et dans toutes les villes acquises à l'Union. Toutefois, le Principe de la Légitimité entravait la Ligue, qui hésitait à acclamer un Souverain de son choix. Si Henri de Guise eût vécu, le peuple et les Halles qui l'adoraient, l'eussent pris pour Roi envers et contre tous; mais le Balafré n'était plus. D'autre part, le Roi d'Espagne, Philippe II, nourrissait pour sa fille, l'Infante Isabelle, des espérances qu'il allait bientôt faire connaître. En résumé, de tous les Prétendants, celui qui représentait le Droit semblait avoir moins de chances que ses compétiteurs.

Après la mort de Henri III, auquel il avait prodigué les soins les plus affectueux, le Prince de Béarn se hâta de faire acte de Roi de France. Au milieu des périls et des graves difficultés qui l'entouraient, il voulut agir avec la rapidité et l'énergie dont il était coutumier et il s'empressa de donner avis de son avènement aux Cours étrangères, affirmant sa volonté de « conserver ses sujets dans la Religion catholique, apostolique et romaine, sans y changer aucune chose. » Les calvinistes, les gentilshommes béarnais saluèrent aussitôt Henri comme Roi de France, mais la plupart des vassaux de Henri III quittèrent l'armée en déclarant qu'ils ne serviraient point un Prince huguenot. C'est ainsi que le duc d'Epernon se retira, avec ses troupes, dans son gouvernement de l'Angoûmois. Or, le Prince de Béarn, réduit à sa gentilhommerie de montagne, ne pouvait rien. Il était obligé de repasser la Loire et de se retrancher dans le Midi.

Ainsi, le but que l'Union s'était proposé, en faisant assassiner Henri III, était atteint : les Royalistes et les Huguenots qui avaient combattu côte à côte sous les étendards réunis du Roi de France et du Prince de Béarn, se séparaient brusquement. Paris était libre.

La grande ville, tout en chantant bruyamment les louanges de Jacques Clément, avait un secret désir : celui de prolonger l'interrègne, afin que le pouvoir municipal eût le temps de s'accroitre; mais les parlementaires et la haute bourgeoisie ne voulaient pas de cet interrègne. Ils demandaient un Roi catholique. C'est à ce moment, que certains personnages mirent en avant le nom du Duc de Mayenne; mais ce Prince, subtil et fin sous son enveloppe un peu fruste, était déjà lieutenant-général du Royaume et voulait attendre les évènements. Il sentait bien, d'ailleurs, qu'il n'avait aucune chance. D'autre part, Philippe II, pensant que les espérances dont nous avons parlé plus haut étaient prématurées, voulut favoriser l'élection du Prince septuagénaire que la Ligue s'était décidée à élire sous le nom de Charles X, — du Cardinal de Bourbon. Si cette combinaison réussissait, Philippe II pouvait faire valoir ultérieurement les prétendus droits de l'Infante. Quant aux Ligueurs, ils n'avaient choisi un Prince âgé et sans lignée que pour avoir le temps d'attendre la majorité du jeune Duc de Guise.

Le Parlement et le Conseil de l'Union reconnurent, en effet, « Charles X », considérant qu'Henri de Bourbon, quoique légitime, « était rejeté par suite d'hérésie. » Mais le pauvre Cardinal était prisonnier des hérétiques, et en fait de privilèges

royaux, il n'avait guère que celui de battre mon-
naie. Cette souveraineté fut, du reste, purement
fictive.

Toutefois, Philippe II s'empressa de la reconnaître ; mais le moment arrivait où d'autres Souverains allaient, en revanche, constater la légitimité
d'Henri IV. La Reine Elisabeth d'Angleterre était
de ceux-là ; elle fit plus : elle mit à la disposition
du Prince de Béarn un subside de vingt mille livres
sterling et un corps de quatre mille Anglais, com-
mandé par Lord Willoughby.

Quelques mois plus tard, la mort du Cardinal de
Bourbon amena le Roi d'Espagne à déclarer ouver-
tement les droits que sa fille avait, — selon lui, —
au trône de France. Admettre ces prétentions c'eût
été abolir la loi salique. Pendant ce temps, le mou-
vement municipal de Paris, qui avait pris une exten-
sion considérable, soutenait la vieille et populaire
Maison de Lorraine. Le fils du grand Duc de Guise
venait précisément de s'échapper de sa prison de
Tours, et les Halles avaient accueilli le jeune
Prince avec un ardent enthousiasme.

Au milieu de toutes ces intrigues, Henri de

Navarre appelait de son Droit à son épée et déniait aux Etats-Généraux le pouvoir de disposer d'une Couronne qui lui était acquise par l'hérédité. Il s'écriait, aux acclamations de sa chevalerie : « *Les Français n'ont jamais souffert qu'un étranger régnât sur eux* (*). »

Nous l'avons dit : nous avons voulu seulement résumer les graves et nombreuses difficultés qu'Henri IV eut à vaincre. On sait comment ce Prince au pourpoint râpé, sans argent, presque sans troupes, réussit à faire reconnaître ses droits ; on sait combien les batailles qu'il livra furent glorieuses pour ses armes ; on sait enfin avec quelle profonde sagacité il choisit les agents qu'il envoya en Hollande, en Suède, en Danemarck, afin d'amener ces puissances à neutraliser l'hostilité de l'Espagne. C'est surtout, en effet, dans sa diplomatie qu'Henri IV révéla ses incomparables qualités. Placé dans une situation presque inextricable, il comprit que le

---

* Près de trois siècles plus tard, Mgr le Comte de Chambord disait dans sa magnifique Protestation contre le Coup d'Etat du 2 Décembre : « *Pendant 1400 ans, seuls entre tous les peuples de l'Europe, les Français ont toujours eu à leur tête des Princes de leur nation et de leur sang.* »

Principe de la Légitimité serait le meilleur et le plus sûr des appuis. Son Droit fut reconnu — heureusement pour la France, qui eut, dans Henri IV, le plus paternel des Rois.

Si Mgr le Comte de Paris n'a pas de rivaux — il nous semble qu'il n'y a pas lieu de s'occuper des prétentions peu redoutables du Prince Napoléon — si, disons-nous, Mgr le Comte de Paris n'a pas de rivaux, sa mission n'en est pas moins difficile. Par sa naissance, il est le Chef d'un pays que des sectaires s'efforcent, depuis plusieurs années, de rendre irréligieux. Ces faiseurs de manuels civiques se sont attaqués à l'Enfance et ils veulent lui inculquer leurs funestes doctrines. Bien qu'ils n'aient pas encore eu la pudeur d'effacer l'inscription mensongère dont ils ont badigeonné tous nos monuments, ils font peser sur nous la plus odieuse tyrannie. Le père de famille est réduit à l'impuissance. Ses droits sont méconnus. Dans les écoles luxueuses que nos gouvernants ont fondées, et qui nous coûtent si cher, on travestit cyniquement l'histoire de notre patrie. Dieu? On l'a chassé! Et ces Tartuffes rouges répètent doucereusement que : « si leurs professeurs n'enseignent pas la Religion, ils ne l'attaquent pas ! »

Si cette éducation funeste est encore donnée à l'enfance pendant quelques années, la France est irrémédiablement perdue. Elle sera prise par un Vitellius quelconque. Cette grande nation qui est encore, malgré tout, la fille aînée de l'Eglise, n'existera plus. Le même système implacable n'est-il pas pratiqué partout? Après l'expulsion des Religieux, voici *l'épuration* de la Magistrature. Par un sentiment de réserve facile à comprendre, nous ne parlerons pas de l'armée. Nous voulons espérer, d'ailleurs, qu'elle est encore fidèle aux traditions qui ont fait sa grandeur. Nous ne parlerons pas non plus des tripotages financiers qui auraient eu lieu dans les sphères gouvernementales. Là encore, nous voulons croire que les accusations portées par certains journaux et même par certains députés, ont été au moins exagérées. Nous protestons seulement et de toutes nos forces contre cette guerre stupide faite à Dieu et au Clergé. Ce sont surtout les petits et les humbles qui sont frappés par nos prétendus libéraux. Les malheureux, qui se trouvent dans les hôpitaux, ne reçoivent plus les soins dévoués et éclairés des Religieuses. Ces douces consolatrices ont été remplacées par des infirmières laïques qui se gobergent aux dépens des malades. Quand un de ces derniers est sur le point de mourir, c'est en vain qu'il appelle un prêtre à son chevet. Les libres-penseurs, qui ressentent, en général, une frayeur si basse de la mort, refusent aux mourants cette consolation suprême.

Voilà où nous en sommes. Les bons bourgeois centre-gauche qui ne lisent que « leur » journal, ignorent beaucoup de ces faits. Du reste, tant que l'ordre est dans la rue, ils n'en demandent pas davantage. Toutefois, une chose commence à les inquiéter : c'est la débâcle financière. Cela seul a pu réveiller leur égoïsme.

Le grand Prince, qui vient de mourir en exil, voyait avec douleur à quel état était réduite sa Patrie, cette Patrie créée par ses ancêtres. Dieu n'a pas permis qu'il nous sauvât, mais notre espérance est invincible. Nous nous rappelons la parole d'Henri V : « Le Christ aime encore ses Francs »,

et nous avons la conviction que la Providence pro·
tègera son héritier et lui donnera la force d'accom-
plir la haute mission qui lui incombe.

Dans la mémorable Entrevue du 7 juillet dernier,
l'auguste proscrit a imité l'exemple d'Henri III. En
serrant sur son cœur Mgr le Comte de Paris, en lui
donnant à sa table la place d'honneur, le dernier
des Bourbons a traité son cousin comme son successeur désigné. Oubliant son accablement et ses
souffrances, Mgr le Comte de Chambord a voulu
remplir son devoir jusqu'au bout. L'énergie, que lui
donnait son amour pour la France, n'a pas faibli.
Refusant de voir les parents qui lui étaient le plus
chers, il a exigé, malgré son entourage, malgré ses
médecins, qu'on introduisît près de lui le Prince qui
allait devenir le Chef de la Maison de France.
Aujourd'hui, Henri V n'est plus. Il prie pour cette
France dont il a été le plus noble Fils, et qu'il aurait
rendue si grande et si prospère s'il avait présidé à
ses destinées. Quelle puissance aurait actuellement
notre pays, s'il était confié à ce royal Pilote !

Par une singulière coïncidence, Henri V est mort
le jour même où Mgr le Comte de Paris accom-

plissait sa quarante-cinquième année. Dans l'article qui sert de préface à cette Brochure, nous avons rappelé les circonstances au milieu desquelles naquit ce Prince qui est aujourd'hui notre espoir. On sait que le titre qui lui fut donné causa à Paris une vive satisfaction.

« La ville de Paris apprendra avec bonheur, disait le Président du Conseil municipal le 24 août 1838, que le Prince nouveau-né a été placé sous son égide et a été confié à son courage et à sa sagesse. Le Comte de Paris sera cher aux Parisiens. »

D'autre part, le Journal des Débats — *quantum mutatus ab illo!* — s'écriait avec enthousiasme : « La France accueillera le nouveau-né par l'expression de sa joie; elle l'entourera d'hommages et de respect. »

C'est par le grand acte du 5 août 1873 que Mgr le Comte de Paris a indiqué la voie qu'il avait choisie et qu'il a suivie, depuis, avec une droiture inébranlable. Fidèle au dernier vœu de son aïeul mourant, il a hautement reconnu pour Roi le Chef de sa Maison et il n'a jamais agi en Prétendant tant qu'Henri V a vécu. Sa grandeur d'âme l'avait amené à reconnaître le grand Principe qui reste la sauvegarde du Pays. Les attaques perfides de certaines feuilles venimeuses ne l'ont pas ébranlé.

C'est en vertu de ce Principe qu'il a voulu conduire seul les funérailles du feu Roi et qu'il s'est retiré avec dignité quand on a essayé de méconnaître son Droit. Sa fermeté a été approuvée non-seulement par tous les royalistes, mais encore par tous les Français, car il a témoigné un souci jaloux de l'honneur national.

Dieu veuille protéger — et la France et son Roi! Si notre cher Pays ne doit pas périr, il est temps que la Monarchie le relève!...

BREST. — IMPRIMERIE DE F. HALÉGOUET, RUE KLÉBER, 11